TRAITÉ PRATIQUE

DES

DOUANES

PAR M. A. DELANDRE
Directeur des Douanes

CINQUIÈME SUPPLÉMENT

ANNÉE 1862

Dispositions générales

623—19. *Tarif.* Les connaissements ne peuvent tenir lieu des certificats délivrés par les agents consulaires. (*Déc. du 10 mars 1862.*)

A raison de circonstances particulières, des attestations faites devant notaire, tant par des mesureurs-jurés que par des entrepreneurs de chargement et légalisées par un Consul français, ont été admises comme établissant, d'une manière authentique, l'embarquement de grains aux États-Unis avant une époque déterminée. (*Déc. du 25 avril 1862.*)

Pour les importations d'Angleterre en France, *V.* nᵒˢ 429, 454, 553 et 554 S.

624—20. Un navire néerlandais, venu en droiture de Hollande, chargé de marchandises de ce pays, *V.* nᵒ 1859, et qui a reçu dans un port français des marchandises à destination de l'étranger, peut, s'il se rend directement, par escale, dans un autre port français, y débarquer les marchandises néerlandaises, avec bénéfice du transport direct. (*Déc. du 20 novembre* 1862.) Pour les droits de navigation, *V.* n° 1082.

Mais sous aucun prétexte, un navire étranger, s'il n'est espagnol, ne saurait, dans ce cas, débarquer et laisser dans le second port français les marchandises chargées dans le premier à destination de l'étranger. *V.* n° 946 T.

625—27. P. 51, 2ᵉ §, 3ᵉ ligne. *Au lieu de* 1863 *mettre* 1864. (*Loi de finances du 2 juillet* 1862 *; Circ.* n° 876.)

626—45. P. 73. *Au* 1ᵉʳ § *substituer celui-ci* : Le prix des instruments et des flans à plomber est acquitté sur mémoire et porté définitivement en dépense par le receveur principal de Paris. (*Circ. man. du 3 juin* 1862.)

2ᵉ §. *Ajouter* : Circ. du 29 avril 1862, n° 837, et Circ. man. du 3 juin 1862.

Rayer le 3ᵉ *et le* 4ᵉ §.

P. 75, 5ᵉ §. Les frais pour la vente des vieux plombs (timbre et enregistrement du procès-verbal) sont à la charge de l'acquéreur ; on en fait l'une des conditions de l'adjudication. (*Déc. du 24 janvier* 1863.)

Les actes constatant le produit de cette vente sont annexés à un bordereau récapitulatif transmis avec l'état Sⁱᵉ C, n° 90. (*Circ. de la Compt. du 17 juillet* 1862, n° 82.)

627. P. 79. *Rayer le* 3ᵉ *et le* 4ᵉ §.

L'agent dont la position hiérarchique est changée ne doit recevoir l'indemnité de plombage attachée à ses nouvelles attributions, qu'à compter du jour de son installation (*Déc. du 3 juin* 1862), à moins qu'il ne soit en congé. (*Déc. du 8 août* 1862.) *V.* n° 457 S.

S'il subit la retenue de la totalité de son traitement, l'agent absent de son poste ne conserve aucun droit à l'indemnité de plombage. (*Déc. du 25 octobre* 1862.)

Quand il est temporairement chargé de la gestion d'un emploi, par suite de vacance ou de l'absence du titulaire, l'agent reçoit l'indemnité de plombage attribuée à cet emploi, mais alors seulement qu'il y a eu déplacement de résidence. (*Déc. du 3 juin* 1862.)

Dans les bureaux où les fonctions de planton sont remplies à tour de rôle par les préposés de la brigade locale, il n'y a pas lieu d'admettre ces agents à l'indemnité de plombage. (*Déc. du 21 mars* 1862.)

628—50. P. 88, 6ᵉ §. *Ajouter :* et Circ. du 29 avril 1862, nᵒ 837.

629.—55. Pour obtenir l'autorisation de restituer le quart revenant au Trésor sur le montant d'une consignation, V. nᵒ 1935, il faut adresser à l'administration, avec un certificat motivé, un extrait du livre-journal constatant que la somme a été inscrite en recette, certifié par l'inspecteur divisionnaire et visé par le Directeur. (*Déc. du 19 janvier 1863.*)

630—75. P. 144, 10ᵉ §. *Personnel.* Les noms des agents doivent être inscrits suivant l'orthographe résultant du corps des actes de naissance, sans tenir compte de la signature des parents. (*Déc. du 28 février 1862.*) Quant aux prénoms, il faut suivre l'orthographe régulière.

Les jeunes soldats faisant partie de la réserve et appartenant aux services publics, *V.* nᵒ 335 S, doivent se rendre dans les dépôts d'instruction au jour qui leur est indiqué. (*Circ. man. du 15 octobre 1862.*)

631—90. 2ᵉ §. *Rayer.* Après s'être éclairé sur la situation, la moralité, l'aptitude et la valeur médicale des candidats présentés par les inspecteurs divisionnaires pour un emploi vacant de médecin des brigades, le directeur désigne à l'administration le médecin qui lui paraît le plus en mesure de donner satisfaction aux conditions et aux exigences du service. (*Déc. du 22 mars 1862.*)

632—91. Un supplément de traitement est accordé aux agents des colonies : il est de la moitié du traitement d'Europe pour les inspecteurs de 1ʳᵉ classe ; des trois-quarts pour les inspecteurs de 2ᵉ et de 3ᵉ classe. (*Déc. min. du 5 juin 1862*) ; du double pour les autres employés. (*Ord. des 8 juin 1834 et 16 avril 1837.*)

Les emplois qui deviendront vacants en France ou en Algérie seront réservés aux agents des douanes coloniales dans la proportion de 5 % pour la partie sédentaire et de 2 % pour le service actif. (*Décret du 8 février 1862,* art. 3.)

633—96. P. 200. Les agents du service actif, jusques et compris les capitaines, décorés d'ordres étrangers, sont exonérés des droits de chancellerie. (*Déc. min. du 15 novembre 1855.*)

634—99. 1ᵉʳ§, en note. Un agent qui a servi dans les brigades et dans les bureaux peut, s'il a 55 ans d'âge et 25 de services dont 15 dans la partie active, obtenir sa retraite sans justification d'invalidité ; s'il comptait moins de 25 ans dans les brigades, sa pension ne serait d'ailleurs liquidée_qu'à raison de 1/60me de son traitement moyen, pour chaque année d'exercice. (*Déc. du* 30 *juin* 1862.)

635—104. P. 211, avant-dernier §. A l'égard d'un receveur principal des contributions indirectes, il faut immédiatement transmettre à l'administration (2e division 4e bureau) le compte de clerc-à-maître en matières ; et, à la comptabilité générale, le compte en deniers pour la délivrance des certificats de non-débet. (*Déc. du* 18 *octobre* 1862.)

Pour le remboursement du cautionnement, *V.* n° 125 T.

636—113. S'il désire recevoir à sa nouvelle résidence le montant des arrérages ordonnancés dans un autre département, le pensionnaire doit en faire la demande, sur papier timbré, au ministre des finances, Direction de la dette inscrite. (*Déc. du* 2 *juin* 1862.)

637—121. Sont exemptés de l'impôt spécial les voitures et chevaux possédés en conformité des règlements du service administratif. (*Loi du* 2 *juillet* 1862, *art.* 7.)

Cette immunité s'applique aux chevaux que les inspecteurs et sous-inspecteurs divisionnaires emploient pour leurs tournées, ainsi qu'aux chevaux des brigades à cheval.

Quant aux voitures de ces agents, elles doivent supporter l'impôt. (*Circ. lith. du* 21 *janvier* 1863.)

638—122 bis. Page 239, 5e §. A Amélie-les-Bains, il y a trois saisons d'hiver (15 octobre, 15 Décembre, 15 février) pour les maladies des voies respiratoires. Une station existe à Plombières pour les malades qui ne pourraient pas être traités sur les autres points.

Les demandes des agents des brigades, comme des bureaux, doivent être adressées par l'intermédiaire de l'administration, au Département de la guerre, au plus tard le 1er avril pour la 1re saison d'été de tous les hôpitaux, et pour la 2de d'Amélie-les-Bains, de Plombières et de Vichy; le 1er juin, pour toutes les autres saisons d'été. Pour les saisons d'hiver d'Amélie-les-Bains, un mois avant l'ouverture.

A l'appui de chaque demande, doit être produit un certificat de visite établi sur une formule (modèle A) donnée par l'intendance militaire de la localité. (*Circ. man. du* 7 *juillet* 1862.)

639—125. P. 249. Pour obtenir, immédiatement après la reddition des comptes, le remboursement des deux tiers de son cautionnement, le receveur principal ou l'ayant-droit doit adresser à l'administration (5me division, 3me bureau), par l'intermédiaire du Directeur, une demande sur papier timbré et le certificat d'inscription. S'il y a des bailleurs de fonds, il faut produire les certificats de privilége de second ordre. (*Déc. du* 18 *octobre* 1862.)

640—135. P. 260. Avant-dernier §. *Ajouter :* mais il faut que l'agent compte, dans la période triennale, un an au moins de services rétribués. Quand il n'y a pas un an, on ne peut accorder que 15 jours, sans retenue. (*Déc. du* 18 *octobre* 1861.)

641—167. 2° §. *Matériel.* Lorsque les réparations pour un vieux canot s'élèveraient à peu près à la moitié du prix d'une embarcation neuve, on doit examiner s'il ne conviendrait pas de le réformer immédiatement. (*Déc. du* 3 *juin* 1862.)

642—174. Note 1, 1er §. *Ajouter :* frais de translation dans un nouveau local, par suite de dispositions particulières, des archives, du matériel et des tabacs d'une recette-entrepôt des contributions indirectes. (*Déc. du* 24 *janvier* 1863.)

643—176. 1er §. *Aux indications relatives aux circulaires citées, substituer celles-ci :* du 29 avril 1862, n° 837.

2° § A l'égard des instruments et des flans à plomber, V. n° 45 T, les receveurs principaux renvoient directement à l'administration (2e division, 4me bureau) le coupon de l'acquit-à-caution, revêtu du récépissé. (*Circ. man. du* 3 *juin* 1862.)

3° §. *A la* 3me *ligne, ajouter :* art. 72 du traité de 1862. *Rayer la* 4e, *la* 5e *et la* 6e *ligne.*

4° §. *Ajouter :* circ. du 29 avril 1862, n° 837.

644—219. *Visite.* On défalque du poids net les bobines sur lesquelles sont enroulés les fils de poil de chèvre, de lin à coudre, de coton ou de laine. On agit de même pour les papiers et ficelles qui entourent les paquets de fils de l'espèce. (*Circ. lith. du* 20 *février* 1862.)

645—245. P. 351. *Acquittement.* En matière de concession de crédits, ce qui domine c'est l'obligation pour le comptable de s'éclairer sur la situation de fortune des redevables et de rechercher quelle peut être l'étendue de leurs opérations. Lorsqu'un négociant se trouve engagé dans diverses entreprises, sur plusieurs points à la fois, et s'il peut réclamer dans les différentes localités la faculté du crédit, il appartient aux receveurs intéressés de se concerter entre eux, afin de déterminer dans quelle propor-

tion chaque receveur peut concourir à la distribution des crédits pour une
même personne, à titre de principal obligé ou de caution. Là où se trouve
son principal établissement (art. 102 du Code Civil), et c'est un point à
l'égard duquel les receveurs, doivent également s'entendre, le redevable
peut présenter des effets de crédit revêtus de deux signatures, la sienne
et celle d'une caution habitant le même lieu; tandis que dans les autres
localités, il a besoin, comme principal obligé, de deux cautions à la résidence du receveur, ou bien s'il intervient comme caution, le principal
obligé doit avoir une caution supplétive. (*Circ. lith. du 4 mai 1857; Déc.
du 30 août 1862.*)

646—258. P. 366, 5e §. *Ajouter :* ou par des futailles d'origine françaises. (*Déc. du 27 juin 1862.*)

647—259. 2e §, note. Les caisses en bois servant d'emballage pour
des estagnons en ferblanc contenant des huiles ne sont pas comprises
dans l'évaluation du poids brut. (*Déc. du 20 septembre 1862.*)

648—260. P. 370. *Statistique.* Au moyen des états de dépouille-
ment, Sio E, nos 40 et 41, tenus au courant jour par jour, les receveurs
principaux, au commencement de chaque mois, font remplir et transmettent directement à l'administration (1re division, 3me bureau), outre
une situation des entrepôts, n° 38 C, des relevés nos 38 A et 38 B relatifs
aux produits qui auront donné lieu, pendant le mois précédent, à des opérations d'entrée ou de sortie, avec rappel des antérieurs de l'année. Ces
formules sont accompagnées d'un bulletin n° 38 D où l'on biffe les nos
des feuilles qui n'y sont pas renfermées. (*Circ. lith. du 14 décembre*
1862.)

Les bureaux principaux où les opérations d'entrées ou de sortie n'ont
pas d'importance doivent mettre toutes les formules à la poste le 4 ; les
bureaux d'une classe plus élevée, le 4 et le 9 ; les douanes de premier ordre,
les 4, 7 et 11 (*Circ. lith. du 14 décembre 1862.*), en proportionnant les
envois de manière que les premiers bulletins 38 D comprennent le plus
grand nombre possible de feuilles. (*Circ. lith. du 25 janvier 1863.*)

Quand les formules 38 A et 38 B n'offriraient que des antérieurs,
sans quantité pour le mois, on n'envoie qu'un bulletin 38 D où sont bif-
fés les nos des feuilles, avec l'inscription, en regard, de la lettre A. *(Circ.
lith. des 14 décembre 1862 et 25 janvier 1863.)*

Les receveurs principaux continuent à fournir les états annuels nos 44 et 45, au plus tard, selon l'importance des bureaux, le 1er février, le 15, ou le 1er mars. (*Circ. lith. du 14 décembre 1862.*)

Lorsqu'il y a impossibilité matérielle à ce que le mouvement commercial d'un ou de plusieurs bureaux subordonnés soit présenté cumulativement avec celui de la principalité relatif à une même période, on doit le reprendre le mois suivant, dans les comptes du bureau principal, sauf à inscrire une annotation explicative à ce sujet sur les feuilles nos 38 A et 38 B. Mais les relevés de décembre, qui comprennent l'ensemble des opérations de l'année, doivent être aussi complets que possible.

Si les marchandises expédiées dans le cours d'une année, sous le régime international, n'ont pu figurer aux feuilles mensuelles n° 38 A, on doit néanmoins les reprendre aux états annuels n° 44, avec une annotation expliquant le motif pour lequel les premières formules n'en font pas mention. (*Circ. lith. du 24 décembre 1862.*)

Les directeurs doivent se faire rendre compte de l'organisation du personnel de la section de la statistique et remplacer les agents qui, par leur défaut d'aptitude ou par d'autres motifs, ne donneraient pas, pour ce travail spécial, de suffisantes garanties d'exactitude ou de célérité. Si, dans certaines douanes, il devenait nécessaire de fortifier temporairement cette section, les inspecteurs ou les directeurs y pourvoiraient par des détachements momentanés. L'administration délègue ainsi aux chefs locaux la faculté de prendre toutes les mesures propres à assurer l'exécution ponctuelle de ses ordres. (*Circ. lith. du 14 décembre 1862.*)

649—263. 2e §. *A la date-indiquée substituer celle- ci :* 20 novembre 1862. (*Circ. lith.*)

A l'égard des droits inscrits au tarif avec la mention : décimes compris, il n'y a pas à extraire les décimes pour les indiquer séparément.

Quand les décimes sont établis d'une manière distincte, on les présente en regard de chaque pays de provenance ou de destination.

Les marchandises des mêmes pays, taxées au poids et à la valeur, sont reprises sous cette double indication au commerce général et au commerce spécial. (*Circ. lith. du 20 novembre 1862.*)

Il ne faut négliger aucune quantité, sans tenir compte sur les formules Sie E, Nos 38 A et 38 B, ni pour les marchandises, ni pour les droits perçus, de la fraction inférieure à 50 centièmes. On ne doit pas changer la nature de l'unité indiquée sur ces feuilles. (*Circ. lith. du 25 janvier 1863.*)

650—270. *Comptabilité.* 3e §, 10e ligne. *Au lieu de* triple *mettre* quatre expéditions, afin que l'une d'elles reste déposée dans les archives de la direction. (*Circ. de la Compt. du 15 novembre 1862, no 84.*)

5e §. On ne doit placer avec les bordereaux, ni parmi les pièces de dépense, aucune lettre contenant des explications ou exigeant une réponse. (*Circ. de la Compt. du 17 juillet 1862, no 82.*)

8e §. Le directeur doit signaler à la Comptabilité, en lui transmettant les pièces, soit les omissions ou lacunes, soit les irrégularités reconnues et indiquer, au cadre no 9 du bordereau des receveurs principaux, les rectifications opérées. (*Circ. de la Compt. du 15 novembre 1862, no 84.*)

Sont adressés à la comptabilité par les directeurs, savoir : avec les bordereaux mensuels, l'état Sie C no 4 bis présentant, par direction, la situation de chaque comptable à la fin du mois ; du 10 au 15 de chaque mois, avec les pièces justificatives de comptabilité, un relevé, Sie C no 4 ter, de tous les virements de fonds, émis ou régularisés dans le mois ; avec les comptes de gestion, le bordereau, par département, Sie C nos 87 bis et 88 bis des opérations de toute nature. (*Circ. de la Compt. du 15 novembre 1862, no 84.*)

651—275. Dernier §. *Rayer.*

Le receveur principal dont la gestion se termine le 31 décembre s'abstient de faire dépense des valeurs laissées à son successeur qui les fait figurer au résultat général du bordereau et du compte, sous le titre d'excédant de recette. Mais pour maintenir la liaison qui doit toujours exister entre deux gestions, le nouveau receveur revêt d'une déclaration spéciale le compte no 88 établi par son prédécesseur. En y apposant son visa, l'inspecteur atteste que le nouveau receveur (titulaire ou intérimaire) a fait réellement reprise des reliquats de compte de son prédécesseur. (*Circ. de la Compt. du 17 juillet 1862, no 82.*)

652—295. 8e §. Le bordereau justificatif et le talon du récépissé sont adressés par le receveur à l'inspecteur des postes du département. (*Circ. de la Compt. du 17 septembre 1862, no 83.*)

Police des frontières.

653—325. Les habitants de l'île de Groix peuvent, sous la formalité du passavant de rivière Sie M no 53, expédier des marchandises ou produits sur les ports voisins du continent, tels que Port-Louis, Kernevel et Lorient. (*Déc. du 10 janvier 1863.*)

654—530. Sont affranchis de la formalité du passavant pour la circulation dans le rayon des douanes, les froments en grains et les marchandises qui, à l'entrée ou à la sortie, ne sont pas taxées à plus de 50 centimes par 100 kil. (*Déc. du 11 juin 1862.*)

Importations.

655—418. 2e §. Pour les patrons d'embarcations françaises de pêche, la représentation du livret de bord peut, dans les circonstances ordinaires, tenir lieu de manifestes. (*Déc. du 21 août 1862.*)

656—470. Le courtier n'est admis à faire une déclaration pour un tiers qu'après représentation de connaissements, &c.; en cas d'infraction, c'est alors son commettant qui est directement actionné par le service, sauf recours légal. A défaut de justification, il ne peut stipuler qu'en son propre nom. (*Déc. du 22 février 1862.*)

657—494. Dernier §. Les droits du tarif général ne sauraient être exigés sur les sels impurs provenant des peaux brutes, fraîches, venues de l'Étranger, livrées à la consommation et qui ont franchi la ligne des douanes. En effet, dès qu'il est en-deçà des points extrêmes du littoral, sans avoir été poursuivi, le sel, considéré comme marchandise, doit être traité comme étant d'origine française. D'un autre côté, en autorisant la recherche des dépôts de sel formés dans certains rayons, la législation spéciale n'a trait qu'à la perception de l'impôt de consommation. *V.* livre X.

Mais les droits d'entrée, aussi bien que la taxe de consommation, sont dus à l'égard des sels retirés des peaux et recueillis sur les quais de débarquement ou dans les entrepôts. Tout ce que l'on peut faire alors de plus favorable, c'est de n'appliquer aux sels dirigés sur une raffinerie que le droit de 1 F. 75 par 100 kil. sur la quantité obtenue au raffinage. (*Déc. du 3 mai 1862.*)

658—557. Note. *Transports internationaux par chemins de fer.* Les rails peuvent être placés dans des waggons non plombés, sous les conditions suivantes : le déclarant fait déposer, tant à la douane d'arrivée qu'à celle de destination ou de sortie, un ou plusieurs modèles de rails, selon qu'il y a lieu ; et chaque waggon ne doit contenir que des rails de dimensions égales, dont le nombre est énoncé à l'acquit-à-caution. (*Circ. man. du 28 février 1862.*)

Les rideaux comme les bâches, sont arrêtés par les garcettes en cuir disposées de manière à recevoir le plomb. Il suffit alors de 20 à 30 centimètres de corde pour chaque plomb. (*Déc. du 14 mai 1862.*)

Les chefs du service doivent s'assurer que la ligature du plomb est faite avec soin et en laissant à la corde assez de jeu pour qu'elle ne supporte aucun effort de la tension ou du frottement. (*Circ. man. du 20 février 1862.*)

659—559. Les acquits-à-caution relatifs au régime international doivent être immédiatement régularisés à destination et renvoyés sans aucun retard au directeur du bureau d'expédition. (*Circ. lith. du 24 décembre 1862.*)

660—563. Pour la constatation des ruptures de plombage, l'intervention des commissaires de surveillance n'est nécessaire qu'en l'absence du service des douanes. Les préposés d'escorte ont à requérir le concours du chef de la station la plus voisine et du conducteur du train, sauf d'ailleurs à laisser alors aux commissaires la faculté d'intervenir, s'ils le désirent, mais sous la réserve que leurs procès-verbaux administratifs seront signés aussi par les préposés. (*Déc. du 7 juillet 1862.*)

A l'égard des différences dans l'espèce des marchandises, relativement aux indications des acquits-à-caution de transit international, lorsqu'elles ont été signalées par les déclarations en détail, le bureau de destination se borne à insérer des réserves dans le certificat de décharge.

Quand la déclaration en détail à l'arrivée ne fait que reproduire les énonciations de l'acquit-à-caution, la différence d'espèce fait l'objet d'un procès-verbal de saisie ou d'une soumission cautionnée, de la part des destinataires, de s'en rapporter à la décision de l'administration. (*Déc. du 8 avril 1859.*) V. n° 559 T.

661—571. *Ajouter :* Chambéry. (*Circ.* n° 851.)

662—572. *Ajouter :* Chambéry. (*Circ.* n° 851.)

663—576. *Ajouter :* Givet (station du chemin de fer). (*Circ.* n° 839 ; Styring. (*Circ.* n° 851.) ; Tréguier. (*Circ.* n° 869.) ; Urdos. (*Circ.* n° 875.) ; Mont-Saint-Martin. (*Circ.* n° 879.)

Rayer : Bedous, par Urdos et Lescun. (*Circ.* n° 875.)

664—580. *Ajouter :* Armentières; Givet. (*Circ.* n° 828); station du chemin de fer à Givet (*Circ.* n° 839); Longwy (*Circ.* n° 879.)

665—581. *Ajouter :* Longwy. (*Circ.* n° 879.)

Entrepôts.

666—685. Les droits d'entrée sont dus sur toute quantité de marchandises retirée de l'entrepôt pour la consommation. Mais les faibles excédants reconnus à la sortie ne doivent pas être soumis à ces taxes lorsqu'ils proviennent manifestement de l'humidité des locaux et si la totalité des produits a été livrée à la consommation. (*Déc. du 22 janvier* 1863.)

667—698. Pour la réexportation par navires étrangers, avec escale en France, *V.* n°s 948, 3° §, 1082 (note 18), *T.* 624 et 686 *S.*

668—741. §. 2°. Un étranger qui n'a pas de domicile en France ne peut être admis au bénéfice de l'entrepôt fictif. (*Déc. du 20 septembre* 1862.)

669—773. La faculté de l'entrepôt fictif pour les fontes brutes d'origine étrangère est accordée à la ville de Strasbourg. (*Déc. min. du* 19 *décembre* 1862.)

Transit.

670—819. 2° §. Le supplément destiné à porter le prix du plombage au taux réglementaire relativement au départ primitif, *V.* n° 45 T, est porté définitivement en recette par le comptable qui en reçoit le montant. (*Déc. du 20 septembre* 1862.)

671—848. 2° §. *Ajouter :* Givet (station du chemin de fer)' (*Circ.* n° 839); Urdos (*Circ.* n° 875); Lescun, pour la sortie seulement. (*Circ.* n° 875).

Rayer : Bedous, par Urdos et Lescun. (*Circ.* n° 875.)

Admissions temporaires.

672—851. note 2, dernière ligne. *Au lieu de 4 mettre* 5 p. 0/0. (*Déc. du 27 octobre* 1862.) jusqu'au jour, soit de la soumission de s'en rapporter à la décision de l'administration pour la non-régularisation de l'acquit-à-caution, soit du paiement des droits, s'il n'y a pas d'action contentieuse. (*Déc. du* 15 *novembre* 1862.)

673—856. *Rayer.*

Les produits fabriqués provenant de matières brutes temporairement admises en franchise, doivent être représentés au service pour la régularisation de l'acquit-à-caution. *V.* nᵒˢ 854 *et* 855. Lorsqu'ils sont extraits de l'entrepôt réel pour la consommation, on ne les soumet qu'à la taxe applicable, au moment de l'introduction temporaire, à la marchandise véritablement importée de l'étranger. (*Circ. du 7 février 1863, n° 883.*)

Il existe une exception au sujet des produits fabriqués avec des matières premières étrangères et exportés de France à destination, soit des colonies des Antilles, de la Réunion et de l'Algérie, soit du Sénégal, de Gorée, de la Guyane et des autres possessions françaises hors d'Europe. *V.* n° 745 S.

674—870. Quand l'administration autorise la réexportation des huiles, après épuration, par un autre point que la douane d'importation, les échantillons prélevés à l'entrée doivent être transmis au bureau de sortie. (*Déc. du 27 décembre 1862.*)

675—886. 1ᵉʳ §, 1ʳᵉ ligne. *Après le mot* tôle, *mettre :* ou en cuivre. *Ajouter : et Décret du 15 février 1862, art. 9 ; Circ. du 26, n° 830.*

2ᵉ §. *Ajouter : et Décret du 15 février 1862, art. 9.*

676—887. *Au 1ᵉʳ § substituer celui-ci :*

Fontes brutes, fontes épurées dites mazées ; ferrailles (1) ; massiaux ; fers en barres ; feuillards, cornières, fers à T et à (double) T et autres de formes irrégulières ; fers en tôle ; aciers en barres, en feuillards et en tôles brunes laminées A CHAUD *; cuivres laminés purs ou alliés d'autres métaux, destinés à être réexportés après avoir été convertis en navires et bateaux en fer, en machines, appareils, ouvrages quelconques en métaux, ou en produits d'un degré de fabrication plus avancé que les matières importées. (Décret du 15 février 1862, art. 1ᵉʳ ; Circ. du 26, n° 830.)*

2ᵉ §, 3ᵉ ligne. *Après le mot* étranger *mettre :* ou qui justifient qu'ils se livrent à une fabrication courante d'ouvrages destinés à l'exportation. *Ajouter : Décret du 15 février 1862, art. 1ᵉʳ.*

4ᵉ §. *Ajouter : Décret du 15 février 1862, art. 2.*

677—499. S. 1ᵉʳ §. A l'égard des procurations pour importations tem-

---

(1) Et vieux rails hors de service. (*Déc. du 16 juillet 1862.*)

poraires, il suffit que la signature de l'intéressé soit légalisée par le maire. (*Déc. du 4 janvier 1862.*)

678—888. T. *Ajouter : Décret du 25 février 1862, art. 3 et 6.*

679—889. 1ᵉʳ §. *Ajouter : Décret du 15 février 1862, art. 5. Rayer le 2ᵉ §, en conservant la note.*

680—890. *Rayer l'article.*

Ne sont reçus à la réexportation en compensation de l'importation (1), savoir :

1° Des *fontes* mazées et de la ferraille, que des fers marchands en barres de tout échantillon ou en rails, ou que des produits d'un degré de fabrication encore plus avancé ;

2° Des *massiaux*, que des fers en verges ou en fils dont la section transversale ne dépasse pas un centimètre carré, des feuillards d'un millimètre d'épaisseur ou moins, des tôles ou des produits d'un degré de fabrication encore plus avancé ;

3° Des *fers* en barres ayant une section transversale de quatre centimètres carrés ou moins, ou une épaisseur de cinq millimètres ou moins (2), quelle que soit la largeur, que des pièces en fer de dimensions égales ou inférieures ;

4° Des *cornières*, fers à **T** et à (double) **T**, et autres de formes irrégulières, que des produits fabriqués avec des fers de formes similaires et présentant au moins les mêmes difficultés de fabrication ;

5° Des *tôles* de fer ou d'acier (3) et des cuivres laminés (3) d'épaisseurs

---

(1) Les acquits-à-caution doivent être libellés conformément aux distinctions ci-dessus. (*Circ, du 5 juillet 1862, n° 847.*)

(2) On n'exige donc, à la sortie, aucune condition spéciale de dimension lorsque, à l'entrée, les barres ne présentaient ni l'un ni l'autre de ces deux caractères, c'est-à-dire, si elles avaient une section transversale de plus de quatre centimètres carrés, combinée, quand il s'agit de barres plates, avec une épaisseur de plus de cinq millimètres. (*Même Circ.*)

(3) Pour l'admission temporaire, il est établi trois catégories distinctes :

1° Les tôles de fer ou d'acier et les cuivres laminés dont l'épaisseur dépasse deux millimètres ;

2° Les tôles et les cuivres laminés d'un millimètre exclusivement à deux millimètres inclusivement ;

3° Les tôles et les cuivres laminés d'un millimètre et au-dessous.

Ainsi, on reçoit sans difficulté, en compensation des soumissions relatives à des tôles ou à des cuivres laminés de plus de deux millimètres, des ouvrages en tôle ou en déterminées (*V.* note 3), que des objets fabriqués avec des tôles ou cuivres laminés du même ordre d'épaisseurs, ou d'épaisseurs moindres, dont les limites seront au besoin fixées par la décision ministérielle autorisant l'entrée en franchise temporaire;

6° Des *aciers* en barres ou en feuillards de dimensions déterminées (1), que des objets fabriqués avec des aciers en barres ou feuillards du même ordre de dimensions, ou de dimensions moindres, dont les limites seront au besoin fixées par la décision ministérielle autorisant au besoin l'entrée en franchise temporaire. (*Décret du 15 février 1862, art. 4; Circ. du 26, n° 830.*)

7° Des *cuivres* laminés, que des objets fabriqués avec des cuivres de même espèce, de sorte que des objets en cuivre allié de zinc ou d'étain ne peuvent être admis en compensation de cuivres purs. (*Circ. lith. du 31 janvier 1863.*)

Mais les métaux introduits en vertu d'autorisations antérieures à ce décret, suivent le régime sous l'empire duquel ces décisions ont été rendues. (*Déc. du 15 décembre 1862.*)

681. Lorsque la réexportation s'effectue en *ouvrages montés,* les expéditeurs ou déclarants sont tenus de déposer au bureau de sortie, pour y faciliter la vérification, soit des échantillons des différentes pièces composées des métaux soumissionnés pour l'importation temporaire, soit, à défaut d'échantillons, des plans d'ensemble et de détail, sur échelle, indiquant exactement le poids particulier de chacune de ces pièces et le métal qui a servi à sa fabrication.

682—891. 1er §. *Ajouter: Décret du 15 février 1862, art. 8; Circ.* n° 830.

Rayer le 2d §.

683—501. S. 1er §, 3e ligne. *Ajouter :* soit de fil de lin ou de chanvre,

---

cuivre laminé de toutes dimensions; les importations de tôles ou de cuivres laminés de deux millimètres inclusivement à un millimètre exclusivement ne doivent se compenser que par des ouvrages en tôle ou en cuivre laminé de un à deux millimètres, et les importations de tôles et cuivres laminés d'un millimètre d'épaisseur ou moins ne sont régularisées qu'au moyen de l'exportation d'ouvrages en tôle ou en cuivre d'une épaisseur inférieure ou égale à celle des matières introduites. (*Circ. du 5 juillet* 1862, n° 847.)

(1) On applique la règle posée pour les fers en barres. *V.* note 2 ci-dessus. (*Même Circ.*)

soit de fil de lin ou de chanvre et coton mélangés, écrus. (*Décret du 29 octobre 1862 ; Circ. du 8 novembre 1862, n° 862.*)

4ᵉ ligne. *Ajouter :* ou teints. (*Décret du 29 octobre 1862 ; Circ. n° 862.*)

Exportations.

684—912. Pour l'exportation par navires étrangers, avec escale en France, *V.* n° 948, 3ᵉ §, 1082 (note 18) T, 624 et 686 S.

685—923. 1ᵉʳ §. Pour les tentatives de sortie frauduleuse constatées à un point au-delà des premiers bureaux, ou ne permettant plus de se diriger vers ces bureaux, *V.* n° 927. (*Jug. du tribunal civil d'Hazebrouck du 29 mars 1862.*)

Cabotage.

686—948. *Après le 3ᵉ §, mettre :* On agit de même à l'égard des marchandises étrangères en réexportation, chargées sur des navires français qui doivent transporter et débarquer dans des ports d'escale des marchandises nationales en cabotage, alors qu'il n'existe aucun point de ressemblance entre ces dernières marchandises et les premières. Le service a soin, d'ailleurs, de veiller à ce que les marchandises en réexportation soient inscrites, à part et d'une manière apparente, au manifeste de sortie. (*Circ. man. du 6 décembre 1862.*)

4ᵉ §, 4ᵉ ligne. *Rayer les mots :* les marchandises en réexportation.

Navigation.

687—1017. Les formalités relatives à la francisation des navires étrangers, *V.* n° 547 S, peuvent être remplies à la Guadeloupe, à la Martinique et à la Réunion. Après production des pièces justificatives et acquittement des droits, le service colonial délivre, soit les papiers de bord conférant les priviléges du pavillon national, soit un titre provisoire si les bâtiments doivent être immatriculés dans un port métropolitain. (*Déc. min. du 6 mars 1862.*)

688—1024. *Rayer le dernier §.*

L'exemption des droits d'entrée concerne le bâtiment et ses agrès et apparaux, ancres, câbles, chaînes et tous autres engins faisant nécessairement partie d'un navire prêt à prendre la mer. Les règles générales du tarif ne sont appliquées qu'au linge, à l'argenterie, verreries, poteries et autres objets dont il n'est fait aucun usage pour la navigation proprement dite. (*Déc. min. du* 16 *juin* 1862; *Circ. du* 26, n° 843.)

689—1031. Les objets admis en vertu des dispositions énoncées au n° 1025 et qui ont été rapportées, sont considérés comme étant définitivement francisés. (*Déc. du* 26 *juillet* 1862.) Le cas échéant, le bénéfice du n° 1032 leur est applicable. (*Déc. du* 25 *août* 1862.)

690—1035. Avant-dernier §. *Ajouter :* 7° Les bateaux de plaisance de 10 tonneaux et au-dessous ne se livrant à aucune opération commerciale. (*Déc. min. du* 18 *octobre* 1862; *Circ. lith. du* 31.) *V.* n° 1082, (note 14).

Les mots : *bateau de plaisance* devront être inscrits, en gros caractères, en tête des congés spéciaux délivrés par le service des douanes. (*Circ. lith. du* 2 *février* 1863.)

691—110, 111. S. *Ajouter :* et traité du 9 mars 1861, art. 10; Décret du 26 février 1862; Circ. du 21 mars 1862, n° 832.

692—(11 *bis*). Le bénéfice des dispositions énoncées au n° 506 S. est applicable au navire français qui, parti de France avec un chargement de vins, eaux-de-vie, etc., revient sur lest d'Angleterre. (*Déc. min. du* 19 *août* 1862, *transmise le* 21.)

693—(31). Un navire américain qui, après avoir pris des marchandises à l'étranger, vient en France compléter son chargement en sels et en vins français (*V.* notes 10 bis, 10 ter) est exempt des droits de tonnage s'il ne se livre à aucune autre opération de commerce. (*Déc. du* 13 *janvier* 1863.)

Sels.

694—1115. Dans les établissements où l'on raffine les soudes de varech, pour l'extraction de l'iode ou pour la fabrication d'autres produits, le service doit prendre en compte et faire déposer dans un magasin spécial, dont il garde la clef, les sels purs ou impurs provenant de ce raffinage et auxquels seront appliquées les règles relatives aux sels obtenus dans les salpêtreries. *V.* n° 1118. (*Circ. du* 22 *décembre* 1862, n° 872.)

695—1157 à **1150.** *Rayer, l'art.* 16 *de la loi de finance du* 2 *juillet* 1862 *ayant rétabli la franchise pour les sels destinés à la fabrication de la soude. V.* n° 706 S.

696—1352. On ne considère comme sels de coussins que ceux qui ont été répandus par couches sur la morue, dans la cale des navires, et qui en sont séparés au débarquement. *V. n°s 1269, 1431 et 1446.*

Tout autre sel qui n'a pas été employé à cet usage, et qui, par conséquent, n'est pas mélangé de détritus de poisson, doit, nonobstant l'odeur dont il est imprégné, être traité comme sel neuf de retour. Le service doit avoir soin de le désigner ainsi sur les acquits-à-caution, afin de le soumettre, le cas échéant, aux conditions énoncées au n° 1448. (*Circ. man. du 25 septembre 1822.*)

697—512. S. *Au 2e §, substituer celui-ci :* Les sels peuvent être importés par navires de tout pavillon, français ou étrangers. (*Déc. des 30 août 1861 et 8 septembre 1862.*)

698—1346. T. *Rayer les trois derniers §.*

Pour la pêche du hareng ou du maquereau, avec salaison à bord, il n'est délivré qu'un passavant, *V. n° 1316,* et le compte-ouvert est supprimé. (*Circ. man. du 12 mars 1862.*)

699—1360. *Rayer, le compte-ouvert pour la salaison en mer du hareng ou du maquereau étant supprimé. V. n° 698 S.*

700—1361. P. 196. Pour la salaison de la chevrette grise, dite gueldre (1), on alloue en franchise 120 kil. de sel pour 1,000 kil. de gueldre. (*Déc. min. du 16 juin 1862; Circ. man. du 23.*) (2)

701—1369. 2e §. *Ajouter :* le hourdel. (*Décret du 1er novembre 1862; Circ. du 15, n° 864.*)

702—1599. A la fin de chaque campagne de pêche, il est produit, au sujet du maquereau, un état analogue à celui qui concerne le hareng. *V. n° 1398.* On indique, dans la colonne d'observation, la quantité et l'origine du sel délivré à chaque barque. (*Circ. man. du 12 mars 1862.*)

705—1420. 2e §. *Ajouter :* et Déc. du 3 décembre 1862.

704—1446. On ne peut accorder en franchise, pour l'amendement des terres ou pour l'alimentation du bétail, que les sels immondes ou de coussins énoncés aux n°s 1431 T. et 696 S. (*Circ. man. du 25 septembre 1862.*)

---

(1) La gueldre est destinée à servir d'appât pour la pêche de la sardine.

(2) On fait figurer cette allocation dans une colonne spéciale de l'état annuel Se S., n° 106.

2

Dans le cas où les sels ne seraient pas mélangés, en présence du service, sous les conditions et formalités réglementaires, le soumissionnaire de l'acquit-à-caution aurait à payer le simple et le double droit de consommation. (*Déc. du 14 février 1863.*)

705. même n°, note. Toutes les fois que le sel est en cristaux assez fins pour permettre l'agrégation avec le son ou avec la farine de tourteaux , le service, après avoir pris l'avis du chef local, s'abstient d'en exiger la pulvérisation. (*Circ. man. du 18 novembre 1862.*)

706—1447 bis. Les sels destinés à la fabrication de la soude sont délivrés en franchise des droits sous les conditions déterminées par les règlements. (*Loi de finances du 2 juillet 1862, art. 16.*)

Tout fabricant qui veut jouir de l'exemption du droit sur le sel employé à la fabrication de la soude artificielle, doit en faire la demande dans une déclaration qu'il fait parvenir, avant le 1er décembre de chaque année, au directeur des douanes ou des contributions indirectes, dans la circonscription duquel se trouve située la fabrique.

Cette déclaration n'est admise, pour la première fois, que lorsqu'il a été justifié de l'autorisation, obtenue suivant les règlements de police concernant les établissements incommodes ou insalubres, et après que l'Administration a fait vérifier si l'usine est en état d'être mise en activité, et si on y a fait les dispositions nécessaires pour le logement des employés, ainsi que pour le bureau qui doit être mis à la disposition du service dans l'enceinte de l'usine. (*Décret du 13 décembre 1862, art. 8 ; Circ. du 22, n° 872.*)

Les fabriques de soude auxquelles sera délivré en franchise le sel nécessaire à leur fabrication, seront soumises à une surveillance permanente. Le nombre des préposés à l'exercice sera fixé par l'Administration (1). Pour couvrir le Trésor de la dépense à laquelle donnera lieu cette surveillance, chaque fabricant versera à la caisse du receveur principal des douanes ou des contributions indirectes une redevance annuelle dont le montant est fixé à trente centimes par cent kilogrammes de sel employé à la fabrica-

---

(1) Ce service se composera de quatre agents, au moins, appelés à exercer leur surveillance à tour de rôle et deux à deux, de nuit comme de jour, sur toutes les opérations effectuées dans l'usine. Il sera adjoint un ou deux agents lorsque l'importance et la multiplicité des opérations nécessiteront cette augmentation. (*Circ. n° 872.*)

tion. Les recouvrements auront lieu par trimestre (1). (*Même Décret, art. 1ᵉʳ.*)

Chaque fabricant sera, en outre, tenu de fournir les logements nécessaires aux préposés à l'exercice, soit dans l'enceinte de l'usine, soit en dehors de cette enceinte, mais à proximité de la fabrique et dans un local agréé par l'administration.

Il sera mis également à la disposition du service, dans l'enceinte même de l'usine et à proximité de son entrée, un local pour le bureau, d'une superficie minimum de douze mètres carrés, garni du mobilier nécessaire.

Le fabricant sera tenu de pourvoir à l'éclairage et au chauffage de ce bureau, soit en nature, soit au moyen d'un abonnement annuel fixé à deux cents francs. (*Même Décret, art. 2.*)

Les sels seront expédiés sur les fabriques de soude avec un acquit-à-caution, et sous le plomb de l'administration (2), hors le seul cas où le sel sera tiré d'une saline ou d'un salin attenant à la fabrique qui doit l'employer. Dans cette dernière hypothèse, il ne serait délivré qu'un bulletin au pied duquel le fabricant attesterait la réception du sel. (*Même Décret, art. 3.*)

Seront admis en compensation du sel marin livré aux fabriques en franchise de droits :

1° Les sulfates de soude contenant au maximum en mélange intime vingt-cinq pour cent de sel marin, ou l'équivalent en chlorures divers ;

2° Les carbonates de soude au titre alcalimétrique minimum de soixante degrés ;

3° Les soudes brutes au titre alcalimétrique minimum de trente degrés.

---

(1) A cet effet, le chef de service de l'usine adressera au receveur principal, à l'expiration de chaque trimestre, un bulletin indicatif de la quantité de sel qui aura été employée pendant cette période à la fabrication de la soude. Le paiement figurera à l'article des recettes accessoires. (*Circ. n° 872.*)

(2) On peut se servir indifféremment, pour le transport, de sacs, de wagons ou de bateaux, plombés. Seulement si les sacs sont transportés sur charrettes, ils doivent avoir la couture en dedans.

L'acquit-à-caution doit stipuler l'obligation de rapporter, dans un délai fixé, l'expédition revêtue du certificat de d écharge délivré par les préposés à l'exercice, ou de payer le quadruple droit sur le sel manquant, conformément à l'article 4 du décret du 13 octobre 1809.

Les préposés à l'exercice ne délivreront ce certificat de décharge qu'après avoir reconnu l'identité du transport, vérifié le plombage, les quantités, et fait déposer le sel en leur présence dans le magasin de dépôt. (*Circ. n° 872.*)

Le titre des produits fabriqués ne pourra être abaissé au-dessous des limites fixées ci-dessus qu'en vertu d'une autorisation spéciale toujours révocable et sous l'observation des mesures qui seront prescrites par l'administration.

Toutes les fois que les produits fabriqués contiendront une quantité de sel supérieure à la limite autorisée, ils ne pourront être enlevés des fabriques qu'à la charge, par les intéressés, d'acquitter le droit de consommation sur le sel, sans préjudice des peines portées par les lois et règlements. (*Même Décret, art.* 4.)

Le sel, arrivé régulièrement dans les fabriques et placé dans un magasin spécial de dépôt, fermant à deux clefs, n'en sera extrait qu'au fur et à mesure des besoins de la fabrication et après pesage (1).

L'introduction du sel dans les fours à sulfate et son mélange avec l'acide sulfurique devront toujours avoir lieu sous les yeux des préposés, qui constateront la quantité d'acide sulfurique additionné et le degré aréométrique de cet acide (2).

Le sel destiné à abaisser le titre des carbonates de soude, au minimum de 60°, lorsque le mélange aura lieu dans le four à carbonate de soude, sera ajouté avant que le carbonate de soude ait pris nature, et brassé avec la masse sous les yeux des préposés (3).

---

(1) Les employés tiennent un registre de compte-ouvert où ils inscrivent successivement les quantités de sel reçues en magasin et celles délivrées.

Le sel n'est extrait du magasin de dépôt qu'au fur et à mesure des besoins de la fabrication. Les agents constatent le poids de chaque livraison, qu'ils inscrivent sur leur carnet, et assistent toujours à la mise en œuvre du sel.

Ils établissent à la fin du mois, pour les entrées et les sorties des magasins de dépôt, un décompte qui fait l'objet d'un état de situation que les directeurs transmettent à l'administration. — Tout déficit résultant de la balance de ce compte est passible du droit de consommation de 10 fr. les 100 kil. (*Circ.* n° 872.)

(2) Lorsqu'il s'agira de la fabrication du sulfate, les préposés à l'exercice vérifieront, soit par la pesée, soit par le cubage des bassins ou réservoirs, la quantité d'acide sulfurique qui doit être versée sur le sel et le degré aréométrique de cet acide. Si cette quantité ne correspond pas à celle indiquée comme nécessaire pour obtenir du sulfate ne contenant pas plus de 25 p. % de sel non décomposé, ils auront soin, au moment où le sulfate sera tiré du four, d'en constater le poids et de prélever un échantillon pour l'expertise, en notifiant au fabricant leurs réserves pour le cas où le sulfate ne serait pas au titre exigé. (*Circ.* n° 872.)

(3) Si les fabricants mêlent le sel aux lessives ou dissolutions de soude avant l'introduction de ces lessives dans le four ou dans les chaudières de dessiccation, les employés s'assurent que le sel a été complétement dissous. (*Circ.* n° 872.)

Pour servir à abaisser le titre de la soude brute, au minimum de 30°, le sel pourra être incorporé soit directement dans le four, soit après son mélange avec les éléments de la soude (sulfate, poussière de charbon, craie ou pierre calcaire broyée, marc de soude lessivée ou autres), mais alors seulement au moment de la mise au four, laquelle aura lieu sous les yeux des préposés.

Dans l'un et l'autre cas, le sel devra être en grains fins ou pulvérisés. (*Même Décret, art.* 5.)

Les préposés à l'exercice s'assureront que les produits fabriqués sont au titre réglementaire. Après vérification de ce titre, si le fabricant conteste les résultats de l'épreuve faite par le service, un double échantillon du produit sera prélevé et adressé à l'administration pour être soumis à l'examen des commissaires-experts du Gouvernement, et tout produit reconnu tenir du sel non décomposé, dans une proportion supérieure aux limites fixées par l'art. 4 du Décret du 13 décembre 1862, sera soumis au paiement de la taxe générale de consommation, comme sel ordinaire. (*Circ.* n° 872.)

Aucun produit ne pourra sortir de la fabrique qu'en vertu d'une déclaration du fabricant et d'un permis délivré par le service. (*Circ.* n° 872.)

Les préposés auront libre accès à toute heure du jour et de nuit dans tous les magasins et ateliers de la fabrique; ils auront droit de prélever tous les échantillons nécessaires à la vérification des produits fabriqués, de toute nature. (*Décret du* 13 *décembre* 1862, *art.* 6.)

Les fabriques de soude établies dans l'intérieur de salins ou salines seront soumises comme les autres aux formalités d'exercice nécessaires pour la constatation régulière des dénaturations du sel. (*Même Décret, art.* 7.)

L'administration des douanes et des contributions indirectes prescrira, en vertu des anciens règlements, les mesures d'ordre pour assurer l'exécution du présent décret; et les contraventions, s'il en était constaté, seraient passibles des amendes et pénalités fixées par ces règlements. (*Même Décret, art.* 8.)

Régimes spéciaux.

707—1475. 5° §. *Corse. Ajouter :* Canari. (*Circ.* n° 829.)

708—1495. *Algérie.* P. 252, *Après la* 19° *ligne, mettre :* 4° les produits exportés de France et fabriqués avec les matières étrangères admises temporairement. *V.* n° 745 S.

709—1504. La faculté d'entrepôt fictif, aux conditions énoncées au n° 1461, est provisoirement applicable dans les ports d'Alger, de Bone et de Philippeville. Cette disposition est étendue aux marchandises nationales ou nationalisées passibles de la taxe d'octroi de mer. (*Déc min. du 7 février 1862.*)

Ces ports participent à l'exception relative aux réexportations par Marseille. *V.* n° 705 T. (*Même Déc.*)

710—408 S. Les bureaux de Géryville, Laghouat et Bou-Saâda, ainsi que celui de Biskara, sont ouverts à l'importation en franchise des produits naturels ou fabriqués du Sahara et du Soudan. (*Décret du 8 janvier 1862 ; Circ.* n° 827.)

Ces bureaux sont d'ailleurs ouverts aussi à la sortie des marchandises étrangères expédiées en transit des ports d'Alger, Oran, Philippeville et Bône à destination du Sahara et du Soudan. (*Même Décret ; même Circ.*)

711—1514 T. 2ᵉ nomenclature. *Ajouter :* sulfate de soude. (*Décret du 30 novembre 1862 ; Circ.* n° 869.)

712—1544. *Colonies. Rayer le* 4ᵉ §. *V.* n° 714 S.
Dernier §. *Rayer la* 3ᵉ *et la* 4ᵉ *ligne. V.* n° 714 S.

713—1547. 1ᵉʳ §. *Aux cinq dernières lignes substituer ceci :* La formalité du plombage n'est exigée qu'à l'égard des tissus de toute sorte. (*Déc. min. du 26 février 1862 ; Circ. lith. du 6 mai suivant.*)

714—1566. 1ᵉʳ §. *Aux deux dernières lignes, substituer ceci :* au service colonial. (*Circ. du 9 février 1863,* n° 884.)

Les acquits-à-caution et autres expéditions régularisées, de même que les états d'acquits-à-caution non rapportés ou d'excédants reconnus à l'arrivée, sont directement adressés par les directeurs des douanes métropolitaines aux directeurs des douanes coloniales, *et vice versa.*

Il est pris des arrangements pour que la correspondance s'effectue à cet effet en franchise, sous bandes (*Déc. min. du 26 janvier 1863*), par les paquebots français chargés d'un service régulier entre la métropole et la Martinique, la Guadeloupe, le Sénégal (c'est-à-dire Saint-Louis et Gorée), l'Inde et la Cochinchine. Les paquets provenant des autres possessions d'outre-mer emprunteront la voie des bâtiments de commerce. (*Circ. du 9 février 1863,* n° 884.)

715—1572. *Rayer.*

Sont admis en franchise de droits de douanes dans les colonies des Antilles, de la Réunion et de l'Algérie (1), les produits exportés de France et fabriqués avec toutes matières étrangères admises temporairement par application de l'art. 5 de la loi du 5 juillet 1836. (*Décret du 6 octobre 1862 ; Circ. du 26, n° 860.*)

La réexportation a lieu sous les mêmes conditions que pour l'étranger. (*Circ. lith. des 26 novembre et 27 décembre 1862.*) Mais on délivre un passavant.

716—1598.1612.1613.1615. Les dispositions rappelées au n° 529 S sont étendues aux produits (naturels ou fabriqués) des établissements français d'outre-mer autres que le Sénégal, Gorée et l'Algérie. (*Décret du 6 octobre 1862; Circ. du 16, n° 859.*)

Il est statué pour chaque chargement comme en matière d'admission au privilége colonial.

Quant aux tarifications déjà établies en faveur de certains produits, quelle qu'en soit l'origine, arrivant de ces établissements français, elles continueront d'être appliquées à ceux de ces produits qui ne seront pas originaires des possessions dont il s'agit ; ceux, au contraire, dont l'origine coloniale serait justifiée, jouiront de la franchise. (*Circ. du 16 octobre 1862, n° 859.*)

717—1630. *Naufrages.* § 1° concernant les espagnols. *Ajouter :* et convention du 7 janvier 1862; Décret du 18 mars; Circ. du 12 avril suivant, n° 835.

§ 4° relatif aux consuls du royaume d'Italie, *ajouter :* et convention du 26 juillet 1862; Circ. du 10 octobre 1862, n° 857.

Aux consuls péruviens. (*Traité du 9 mars 1861, art. 36; Décret du 26 février 1862 ; Circ. du 24 mars 1862, n° 832.*)

718—1685. *Primes.* Les sucres raffinés peuvent être expédiés de Bordeaux, de Nantes ou du Havre, sous réserve d'escale à Marseille ou à Cette. La sortie doit alors être définitivement constatée par le service de l'un de ces derniers ports d'où le passavant doit être renvoyé au directeur

(1) Il en est de même en ce qui concerne le Sénégal, Gorée, la Guyane et les autres possessions françaises hors d'Europe. (*Dispositions arrêtées entre les Départements du Commerce et des Finances ; Déc. du 29 décembre 1862.*)

du bureau de départ pour la régularisation des dossiers et la liquidation provisoire des primes. *V.* n° 418 S. (*Déc. des 21 novembre 1862 et 8 janvier 1863.*)

719—1688. Les dossiers de prime doivent être adressés au directeur, pour être transmis à l'administration avec une lettre collective d'envoi, en rappelant les n°s, dans les cinq jours, au plus tard, qui suivent l'exportation définitive. (*Circ. man. du 30 septembre 1862.*)

720—1693. *Au* 2ᵉ *tableau, substituer celui-ci:*

Tableau des drawbacks afférents aux sucres raffinés ou candis, par application des lois des 23 mai 1860, 2 juillet 1862 et des décrets des 16 janvier et 24 juin 1861 et du 10 juin 1862.

DÉSIGNATION DES SUCRES NON RAFFINÉS. dont les produits sont admis au drawback.	QUOTITÉS des droits par 100 kilog. de sucre non raffiné (décimes compris.)	QUOTITÉ des drawbacks par 100 kilog. de sucres raffinés	
		Mélis ou candis (rendement de 76 p. 0/0).	Lumps ou tapés (rendement de 80 p. 0/0).
Sucres de nuance égale au plus au 1ᵉʳ type ou de nuances inférieures, importés. — de la Guyanne jusqu'au 30 juin 1866..........	38 f 40 c	50 f 52 c	48 f 00 c
à partir du 1ᵉʳ juillet 1866.....	42 00	55 26	52 50
des Antilles jusqu'au 30 juin 1866.........	38 40	50 52	48 00
à partir du 1ᵉʳ juillet 1866 ...	42 00	55 26	52 50
de la Réunion jusqu'au 30 juin 1864...........	34 80	45 78	43 50
du 1ᵉʳ juillet 1864 au 30 juin 1865	36 60	48 15	45 75
du 1ᵉʳ juillet 1865 au 30 juin 1866	38 40	50 52	48 00
à partir du 1ᵉʳ juillet 1866......	42 00	55 26	52 50
de l'Inde par navire français...........	42 00	55 26	52 50
par navire étranger...........	45 00	59 21	56 25
de l'île de Cuba par navire français.	42 00	55 26	52 50
par nav. étrangᵉʳˢ { Espagnols (1)	44 00	55 26 (1)	52 50 (1)
{ Autres......	44 00	57 89	55 00
d'ailleurs, hors d'Europe par navire français...........	42 00	55 26	52 50
par navire étranger	44 00	57 89	55 00

(*Circ. du 4 juillet 1862,* n° 846.)

Rayer le tableau inséré au n° 535 S.

721—1707, T, et 537 S. *Rayer, la prime ayant été supprimée par décret du 27 décembre 1862,* (circ. n° 873).

722—1721. 2ᵉ §, note. Pour l'allocation de la prime, il faut que la machine soit entièrement neuve, qu'elle n'ait servi à aucun titre.

Outre le moteur, et, selon le cas, le propulseur, on accorde la prime

---

(1) La surtaxe de navigation n'est pas supputée dans le taux du drawback à allouer aux sucres raffinés, lorsqu'il est représenté des quittances concernant des sucres importés de *l'île de Cuba, sous pavillon espagnol :* la prime est, dans ce cas, égale à celle qui est accordée aux sucres importés par navires français. (*Décret du 10 juin* 1862 ; *Circ. du 1ᵉʳ juillet* 1862, n° 844.)

pour les pompes alimentaires destinées à remplir les chaudières et pour le petit moteur spécial quand elles ne sont pas manœuvrées à bras.

Ne sont pas admissibles à la prime les pièces détachées ou accessoires qui ne font pas partie intégrante et constitutive de l'appareil moteur et propulseur. Ainsi, on repousse les tuyaux pour conduire la vapeur hors de la chambre de la machine ; les objets affectés aux communications de mouvements relatifs à des treuils, etc.; les soutes à charbon ; les pièces métalliques nécessaires à l'armement, tels que sceaux ; les pièces de rechange. (*Circ. man. du 23 juin* 1862.)

Si les conditions et formalités réglementaires ont été remplies, la prime est acquise alors même qu'un naufrage ne permettrait pas au navire d'accomplir le premier voyage commencé.

La prime est due pour des machines installées à bord de steamers qui effectuent des transports réguliers de marchandises ou de voyageurs entre la France et l'Étranger, bien que ces bâtiments, naviguant le plus ordinairement entre des ports étrangers, ne servent que comme allèges à d'autres navires français appartenant à la même compagnie et desservant directement, par un service combiné et non interrompu, la ligne entre ces ports et la métropole. (*Dépêche du min. du Commerce du 26 août* 1862.)

723—1723. Nomenclature. 1re section. *Ajouter :* Urdos *. (*Circ.* n° 880.)

2e section. *Ajouter :* Lille *. (*Circ.* n° 861.) *Retrancher l'astérisque qui suit le mot Bayonne.*

724—1724. Bestiaux etc., 1er §. *Ajouter :* ni les animaux. (*Jug. du trib. Civil d'Hazebrouck du 29 mars* 1862, *relatif aux chiens de forte race.*)

725—1827. *Traités.* Le commerce a la faculté d'opter pour l'application du tarif général, de préférence au tarif conventionnel, alors même que les marchandises déclarées sous le droit commun sont placées dans un colis contenant d'autres marchandises, réservées au bénéfice du traité. (*Déc. du 10 novembre* 1862.)

726—1858. *Espagne.* Les consuls généraux, consuls et vice-consuls ou agents consulaires espagnols peuvent aller personnellement ou envoyer des délégués à bord des navires de leur nation, après qu'ils auront été admis en libre pratique ; interroger les capitaines et l'équipage ; examiner les papiers de bord ; recevoir les déclarations sur leur voyage, leur destination et les incidents de la traversée ; dresser les manifestes et faciliter l'expédition de leurs navires ; enfin, les accompagner devant les tribunaux de justice et dans les bureaux de l'Administration du pays, pour leur servir d'interprètes et d'agents dans les affaires qu'ils auront à suivre ou les demandes qu'ils auraient à former. ✐

Les fonctionnaires de l'ordre judiciaire et les gardes et officiers de la douane ne pourront, en aucun cas, opérer ni visites ni recherches à bord des navires sans être accompagnés par le consul ou le vice-consul de la nation à laquelle ces navires appartiennent.

L'avis qui sera adressé à cet effet aux consuls et vice-consuls doit indiquer une heure précise ; et s'ils négligeaient de s'y rendre en personne ou par délégué, il serait procédé en leur absence. (*Convention du 7 janvier 1862; Décret du 18 mars ; Circ. du 12 avril suivant,* n° 835.)

727—547. S. *États-Unis*. Les navires américains achetés en Chine, dans les conditions du Décret de 25 août 1861, conservent le bénéfice du trajet direct, quels que soient la route suivie pour se rendre en France et les ports d'escale. (*Déc. min. du 9 juin 1862.*) V. n°ˢ 687 et 733 S.

Le droit d'entrée sur les navires gréés comprend, outre les canots de bord, les agrès et apparaux et le mobilier nécessaire pour la navigation ; mais les articles de remplacement, le lest par exemple (*Déc. du 21 novembre 1862*), ainsi que les meubles meublants, la literie, le linge, la vaisselle, doivent supporter les taxes spéciales fixées par le tarif, l'intéressé restant libre d'ailleurs de les faire réexporter. Les machines ou moteurs des bâtiments à vapeur sont imposées séparément (1). Le droit sur les coques nues pourvues de leurs bas-mâts, des porte-haubans et des chaînes ou lattes de porte-haubans. (*Circ.* n°ˢ 764 et 798.)

728—429 et **554**. S. *Angleterre*. En disposant que l'origine anglaise des produits sera établie au moyen de certificats, l'art. 2 de la convention complémentaire du 12 octobre 1860 (Décret du 26 ; Circ. n° 704), n'a pas enlevé à la douane française la faculté de contrôler ce qu'il pourrait y avoir d'irrégulier dans cette justification et de la repousser. En

---

(1) Quand ces machines sont installées à bord de navires destinés à la navigation internationale maritime, elles sont admissibles au bénéfice de la loi du 6 mai 1841, V. n° 1721. Mais on doit exiger des importateurs l'engagement cautionné d'acquitter les droits d'entrée si les appareils cessaient d'être affectés à cette navigation. (*Circ. man. du 18 mars 1862.*)

cas de doute, le service peut donc avoir recours à cet effet aux commis-saires-experts du Gouvernement. *V.* n° 50 T. La fausse déclaration d'o-rigine constatée par le service donne d'ailleurs ouverture aux pénalités énoncées au n° 228 T. (*Jug. du trib. civ. de Boulogne-sur-Mer du 6 mars 1862.*)

729—454 et 565 S. A l'égard des taxations *ad valorem*, le service doit s'assurer de la nature des marchandises, et en cas de doute, recourir aux commissaires-experts du Gouvernement. *V.* n° 50 T. Il contrôle, ensuite, la valeur déclarée : le droit d'expertise locale, créé par l'art. 6 de la convention complémentaire du 12 octobre 1860 (Décret du 26 ; Circ. n° 704) est absolu de la part de la douane et de celle du déclarant. Le refus du déclarant de nommer un expert annule de fait sa déclaration, et la marchandise rentre dans les conditions où elle se serait trouvée placée si cette déclaration n'avait pas été produite. (*Déc. du 27 novembre 1862.*)

730—551 S. *Ajouter :* les bois de teinture exotiques, moulus en Angleterre ou en Belgique. (*Déc. du 18 mars 1862.*)

731—556 S. Sont exemptés de la formalité du certificat d'origine, les homards et les huîtres fraîches directement importés des lieux de pêche, le droit de tonnage sur le navire anglais étant d'ailleurs de 1 fr. par tonneau. C'est au moyen des papiers de bord, d'après l'état des us-tensiles de pêche dont les bateaux doivent être pourvus, et, au besoin, par l'interrogatoire de l'équipage que le service doit s'assurer de la véri-table provenance. (*Circ.* n° 764 *et Déc. du 6 novembre* 1862.)

732—560. S. A moins d'une tarification particulière ou de disposi-tions spéciales, on suit, pour l'application des traités, la règle générale d'après laquelle les produits composés de matières diversement taxées doivent supporter le droit afférent à la portion du mélange la plus forte-ment imposée. *V.* n° 14 T. Il en est ainsi, par exemple, à l'égard des poignées en porcelaine montées sur cuivre. (*Déc. du 14 juin* 1862.)

733—560 bis S. La nationalité des navires anglais ou belges est jus-tifiée, pour l'importation, par un certificat de construction soumis aux visa des agents consulaires de France, ou par la production de titres dé-livrés par l'amirauté britannique ou par le Gouvernement de Belgique.

Les navires achetés par des français peuvent être pourvus par les agents consulaires de France, de congés provisoires destinés à faciliter l'arrivée en France, avec interdiction de tout voyage intermédiaire et de toute escale volontaire ou opération de commerce pendant le trajet, fort court, qu'il y a à parcourir d'un pays à l'autre. Dans ces conditions, le navire et son chargement sont alors admis au bénéfice du traitement national et des stipulations des conventions commerciales. (*Circ.* n° 798.)

L'immunité des droits de navigation est conservée aux yachts de plaisance anglais, *V.* n° 1082 (note 14) vendus dans les ports français. Les taxes sanitaires sont exigées, V. n° 2000. Quant aux objets mobiliers, à demeure ou non, ils suivent le régime énoncé aux n°s 1931 T. et 585 S. pourvu qu'ils n'excèdent pas les besoins du yacht. (*Déc. du 21 novembre 1862.*)

734—562 S. 2° §. *Ajouter :* Nice, (*Circ.* n° 829.) Dieppe, (*Circ.* n° 867.)

735—566 S. Les sacs d'origine française exportés temporairement en Angleterre, sont affranchis de l'estampillage à la sortie ; ils font l'objet d'un passavant pour en faciliter le retour en exemption de toute taxe. (*Déc. du 27 mars 1862.*) *V.* n° 576 S.

736—573 S. *Belgique.* Les produits qui empruntent le territoire belge, sans rompre charge, au moyen de convois internationaux de chemin de fer, pour pénétrer ainsi en France, sont assujettis aux surtaxes générales dans les cas où il en est établi pour les importations par terre. (*Circ. man. du 5 juin 1862.*)

737—1870. *Italie.* Les dispositions énoncées au n° 726 S. sont appliquées à l'égard des consuls ou agents consulaires du royaume d'Italie. (*Convention du 26 juillet 1862 ; Circ. du 10 octobre suivant,* n° 857.)

Le concours des consuls ou .agents consulaires ne saurait, dans aucun cas, tenir lieu de l'intervention des courtiers interprètes et conducteurs de navires toutes les fois que la loi la rend obligatoire. (*Dépêche de M. le min. des affaires étrangères du 12 décembre 1862 ; Circ. du 21,* n° 871.)

738—1874. *Rayer l'article.*

Des dispositions analogues à celles qui sont rappelées au n° 1845 ont été adoptées entre la France et le royaume d'Italie pour la garantie de la propriété des œuvres d'esprit et d'art, ainsi que des modèles aux dessins industriels et des marques de fabrique ou de commerce. (*Convention du 29 juin 1862 ; Décret du 24 septembre 1862 ; Circ. du 6 octobre suivant,* n° 856.)

Quand la demande en sera faite, les livres importés, au lieu d'être vérifiés à la frontière, pourront, sous les conditions et formalités indiquées au n° 2077, être expédiés directement sur la direction de l'imprimerie et de la librairie au ministère de l'intérieur, pour y être soumis aux prescriptions réglementaires. (*Circ. du 6 octobre* 1862, n° 856.)

Les dessins ou modèles industriels doivent être déposés au greffe du tribunal de commerce de la Seine pour donner droit de revendication en France. Ils sont habituellement importés sous plis cachetés ou dans des boîtes scellées, et ne sont pas livrés à la consommation. Les cachets dont ils seront revêtus devront être respectés et ils seront remis en franchise toutes les fois que le service n'élèvera aucun doute sur leur nature et leur destination. Dans le cas contraire, ils devraient être expédiés sous acquit-à-caution et sous double plomb sur la douane de Paris, qui demeurera chargée, en accordant la franchise, d'assurer leur transport sous escorte au greffe. (*Convention du 29 juin* 1862, *art.* 13 ; *Circ. n°* 856.)

Ces dispositions seront appliquées aux modèles et dessins provenant d'autres pays avec lesquels la France a conclu ou pourrait conclure des conventions pour le même objet. (*Circ. du 6 octobre* 1862, n° 856.)

759—1879, note 3. *Portugal.* Pour les produits déclarés être du Portugal, s'il peut y avoir hésitation au sujet de cette origine, le service doit exiger un certificat régulier. *V.* n° 19 T.

Dans le cas où il serait importé du Portugal, avec certificat d'origine, des arachides en quantité assez importante pour faire naître des doutes, on devrait même provoquer l'expertise légale. (*Déc. du 23 janvier* 1863.)

740—1897 *bis. Canada.* Les dispositions du n° 547 S sont étendues aux navires construits au Canada. (*Décret du 5 février* 1862 ; *Circ. du* 14, n° 826.)

741—. *Pérou.* Les produits du sol ou de l'industrie de la république du Pérou, importés directement en France par des navires péruviens sont traités comme si l'importation s'en était effectuée par navires français. (*Traité du 9 mars* 1861, *art.* 9 ; *Décret du 26 février* 1862 ; *Circ. du* 21 *mars* 1862, n° 832.)

Les navires ne sont considérés comme péruviens qu'autant qu'ils appartiennent à des sujets du Pérou, que les capitaines sont citoyens de ce pays et qu'il est représenté une patente régulièrement délivrée par l'autorité compétente. (*Même traité, art.* 15.)

Les navires péruviens qui ont acquitté, au port de prime-abord, les taxes de navigation, peuvent, sans y être de nouveau assujettis, se rendre dans un ou plusieurs autres ports, soit pour y débarquer tout ou partie de leur cargaison, soit pour y composer ou compléter leur chargement. (*Même traité, art.* 12.)

Pour les taxes de navigation, *V.* n° 110 et 111 S.

Les droits de tonnage applicables aux navires péruviens sont perçus d'après les énonciations du manifeste ou autres papiers de bord. (*Même traité, art.* 11.)

A la sortie, le pavillon péruvien est, quant aux droits, assimilé au pavillon français. (*Même traité, art.* 9.) Il y a ainsi exemption des droits de sortie pour les vivres et provisions de bord embarqués sur les navires péruviens, à titre d'avitaillement.

742—1935. *Voyageurs.* Lorsqu'il s'agit d'une voiture venue d'un pays d'où l'importation est encore atteinte de prohibition, et qui, bien que n'accompagnant pas des voyageurs, a une destination hors de commerce, l'administration ne se refuse pas à en autoriser l'admission exceptionnelle moyennant la consignation d'une somme égale au tiers de la valeur. Les trois-quarts seraient restitués dans le cas où la voiture serait réexportée dans le délai de trois ans. (*Déc. du* 30 *avril* 1861.)

743—1946, 1er §. *Retours.* Les tissus de coton ou de laine pure ou mélangée, teints ou imprimés, de fabrication nationale, rapportés de l'étranger à défaut de vente, peuvent être réintroduits, sans avoir été soumis, à la sortie, à l'estampillage et au dépôt d'échantillons. Mais cette réadmission ne doit s'effectuer que par les bureaux ouverts à l'importation des tissus belges ou anglais de même nature. *V.* n° 362 S. (*Déc. min. du* 10 *juillet* 1862 ; *Circ. du* 17, n° 848.)

En cas de doute sur l'origine des produits, des échantillons sont soumis à l'expertise légale. (*Même Circ.* n° 848.)

Rayer le n° 586 S.

744—1956, P. 460, 3e ligne. *Après le* 8e *mot mettre :* sauf dans les circonstances aggravantes, le directeur est autorisé à statuer sur les demandes de prolongation du délai de dépôt. (*Déc. du* 3 *mars* 1862.)

745—2001. Note 1, P. 477. *Régime sanitaire.* La condition d'arrivée à jour fixe ne concerne que les paquebots qui arrivent d'un port quelconque de l'Europe dans un port français de l'Océan. (*Déc. min. du* 18 *décembre* 1862.)

Note 2. Lorsqu'une compagnie maritime, dont les paquebots font un service régulier, fait accidentellement remplacer l'un de ses bâtiments, le bénéfice de l'abonnement contracté pour celui-ci peut s'étendre au suppléant. On se borne alors à exiger le droit de 0 fr. 05 c. par tonneau sur la partie de la contenance du navire suppléant excédant la jauge du bâtiment remplacé. (*Déc. de M. le Min. du Com. du 29 décembre 1859.*)

746—2056. *Pêche de la morue.* Les états indiquent, par chapitres totalisés, les navires armés pour la pêche de la morue : 1° à St-Pierre-et-Miquelon, ou aux côtes de Terre-Neuve, avec sécherie ; 2° au Grand-Banc, avec sécherie à la côte ; 3° au Grand-Banc, sans sécherie ; 4° en Islande. (*Circ. man. du 20 mars 1862.*)

747—592 S. Il n'y a pas *d'armes de guerre* à plusieurs coups. L'arme de guerre a toujours une apparence de solidité que n'offre pas l'arme de chasse ; elle est simple, ordinairement munie d'une baïonnette et la valeur est notoirement inférieure à celles des armes de fantaisie ou de commerce.

En cas de doute, on peut d'ailleurs user de tolérance s'il ne s'agit que d'un petit nombre d'armes. Dans le cas où il en serait présenté, au contraire, une quantité de quelque importance, sans permis du ministre de la guerre, on devrait prélever des échantillons, pour les soumettre au jury d'expertise institué à la direction de l'artillerie. *V.* n° 602 S. (*Circ. du 22 avril 1862, n° 836.*)

Le prix des armes doit être consulté pour la classification. Ainsi, celles qui, à raison de leur valeur élevée, ne peuvent être employées par les troupes, sont considérées comme arme de commerce, alors même quelles auraient les caractères qui distinguent les armes propres à la guerre. (*Déc. du 12 novembre 1862.*)

Quand des carabines de luxe sont pourvues de baïonnettes ou sabres-baïonnettes de guerre on permet la séparation, et chaque pièce suit alors le régime qui lui est propre. (*Déc. du 14 juillet 1862.*)

Sont affranchis du régime des armes ou des munitions de guerre, les moules à balles, les tire-balles et les balles de calibre, ainsi que les bois de fusils ou de pistolets achevés pour armes de guerre. En ce qui les concerne il n'est pas besoin d'autorisation du département de la guerre. (*Circ.* n° 818.)

748—594 S. 3° §. *Ajouter :* Bellegarde. (*Circ. du 22 avril 1862,* n° 836.) Longwy. (*Circ. du 15 janvier 1863, n° 879.*)

749—2077. *Librairie.* Note 2, P. 511, 1er §. *Ajouter :* Longwy *. (*Circ.* n° 879.)

750—2184. *Marques de fabrique.* Une étiquette portant le nom du fabricant et indiquant qu'il a un établissement à Londres et un autre à Paris, ne saurait être considérée comme destinée à dissimuler une contrefaçon ou à imiter une marque française. (*Déc. du 25 avril 1862.*)

Dans les circonstances où il peut s'élever des doutes, il convient, avant de rédiger procès-verbal, de prendre l'avis du ministère public.

751—2086. *Ouvrages d'or et d'argent.* Note 2. *rayer :* Grasse, Carcassonne, Mont-de-Marsan, Châlons, Bar-le-Duc, Alençon. (*Circ.* n° 838.)

752—2093. L'argenterie des étrangers qui viennent séjourner en France étant exempte de droits d'entrée de douane, (*Déc. min. du 28 août 1862 ; Circ. du 15 septembre 1862,* n° 855.) *Rayer tout ce qui concerne la consignation de ces taxes.*

753—2201. *Contentieux.* Lorsque les droits de l'administration sont garantis par un procès-verbal régulier, *V.* n°s 2190 et 2203. Dans les autres cas, si les intéressés, principaux ou cautions, refusent de satisfaire à leurs engagements, le service doit, soit délivrer une contrainte pour assurer les effets d'une soumission d'acquit-à-caution ou d'obligations exigibles par suite de faillite, *V.* n°s 2282 et 2287, soit recourir au droit commun, c'est-à-dire faire assigner devant le tribunal civil, avec constitution d'avoué, à moins que le montant de la dette ne rentre dans la compétence du juge de paix, quand il s'agit d'une transaction ou d'une soumission de s'en rapporter à la décision de l'administration, *V.* n°s 2274 et 2274. (*Déc. du 24 juin 1862.*)

L'autorisation de l'administration n'est d'ailleurs nécessaire que pour l'exécution du jugement ou de la contrainte (signification du jugement, saisie mobilière ou immobilière, contrainte par corps). *V.* n°s 2257 à 2262.

754—2222. Dans le cas où l'appel signifié au nom du contribuable ne serait pas inscrit au rôle d'audience du tribunal civil, le service devrait faire citer l'appelant devant ce tribunal, en notifiant les titres et moyens de l'administration. *V.* n° 2213.

755—2329. L'intervenant n'a droit qu'à demi-part dans la répartition de la prime reçue de la régie des contributions indirectes, pour des tabacs reconnus impropres à la fabrication. *V.* n° 2129. (*Déc. du 2 août 1862.*)

www.ingramcontent.com/pod-product-compliance
Lightning Source LLC
Chambersburg PA
CBHW060813280326
41934CB00010B/2672